Sybille Rogaczewski-Nogai

Pappmaché

Kinderleicht aus Papier & Kleister

CREATIV COMPACT

CHRISTOPHORUS

Inhalt

Bastelspaß mit Pappmaché

Pappmaché ist kinderleicht anzuwenden, es ist billig und umweltfreundlich. Kindern macht es viel Spaß, aus Papierschnipseln und Kleister eine Pappmachémasse herzustellen und damit zu matschen, zu kneten und auszuprobieren, was für lustige Formen modelliert werden können. Die Gestaltungsmöglichkeiten beginnen bei einfachen Formen wie der Kugel, aus welcher zum Beispiel ein Kopf entstehen kann. Aus einem dünnen Fladen können Schilder oder Anhänger angefertigt werden. Und mit etwas Übung gelingen auch komplexere Formen. Durch das Bekleben vorgegebener Grundformen wie Luftballons, Schüsseln oder kleinen Töpfen können diese nachgearbeitet werden. Manche Grundformen, wie zum Beispiel Flaschen oder Jogurtbecher, können aber auch als Untergerüst für ein Objekt dienen. Nach dem Trocknen und Grundieren werden die Einzelteile noch bunt angemalt. Durch die vielfältigen Möglichkeiten sind der Fantasie beim Arbeiten mit Pappmaché keine Grenzen gesetzt.

Ich wünsche Ihren Kindern und Ihnen viel Freude beim Werkeln und schöne Ergebnisse!

Ihre

Material & Technik

Grundmaterialien sind Zeitungspapier, Transparentpapier, Zeichenblockkarton, doppelseitig beschichtete Wellpappe und Tapetenkleister. Zum Grundieren der Motive eignet sich weiße Dispersionsfarbe (Wandfarbe) oder weiße Acrylfarbe, zum Bemalen Acryl-Mattfarbe oder Deckfarbe. Als Hilfsmittel benötigen Sie Bleistift und Schere, Plastiktüten, eine große Schüssel oder einen Eimer, ein leeres Konservenglas mit Deckel, eventuell einen Mixstab oder eine Küchenmaschine und verschiedene Pinsel. Die Hilfsmittel werden bei den einzelnen Anleitungen nicht mehr extra aufgeführt.

Vorlagen

Auf dem Vorlagebogen sind Teile in Originalgröße abgebildet, die als Grundform für einige Objekte gebraucht werden (Bilderrahmen) oder zur Ausschmückung (Käferflügel). Diese Vorlagen mit Kohlepapier direkt auf das gewünschte Material übertragen.
Verkleinert abgebildet sind Frontal- und Profilzeichnungen von einzelnen Figuren, um den Aufbau dieser Figuren zu verdeutlichen.

Pappmachémasse selber anfertigen

Aus Zeitungspapierschnipseln und Tapetenkleister eine knetfertige Masse herstellen: Mehrere Lagen Zeitungspapier, etwa 10 Doppelseiten, in etwa 1,5 cm große Quadrate reißen, in heißem Wasser einweichen und einen halben Tag stehen lassen. Die Schnipsel können auch mit Wasser in den Mixer gegeben und durch mehrmaliges Betätigen des Momentschalters vermischt werden. Überschüssiges Wasser ausdrücken. Dann in ein leeres Konservenglas vier Esslöffel Kleisterpulver geben, mit Wasser auffüllen, verschrauben und gut schütteln. Nach etwa 10 Minuten den Kleister mit dem eingeweichten Papierbrei verkneten, bis eine geschmeidige Masse entsteht.

Pappmaché-Techniken

1. Das Kaschieren

Tapetenkleister nach der Anweisung auf der Packung klumpenfrei anrühren. Zeitungspapierschnipsel in Kleister tauchen oder mit Kleister bestreichen und damit eine Form in mehreren Schichten überlappend bekleben. Durch das Reißen der Papierschnipsel entstehen

beim Kleben glatte Übergänge. Das geklebte Papier immer wieder mit den Fingern oder einem Borstenpinsel glatt streichen. Jede Lage gut trocknen lassen. Danach erst die nächste Schicht kleben. Nach dem völligen Durchtrocknen wird die Form meistens entfernt.

2. Formen mit Pappmachémasse

Pappmaché ist eine geschmeidige Masse, die sehr gut geeignet ist zum freien Modellieren, zum Überziehen oder Abformen eines Objektes. Die Pappmachémasse kann selber preisgünstig hergestellt werden. Es gibt allerdings auch Pappmachépulver im Fachhandel, das einfach nur mit Wasser angerührt wird.

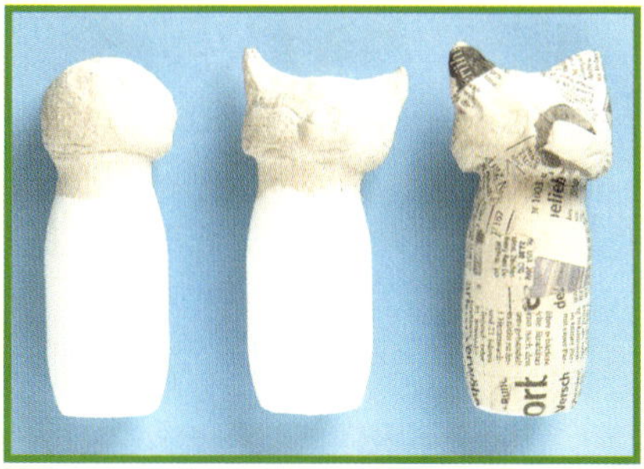

Trocknen

Vor dem Bemalen muss ein Objekt völlig durchtrocknen. Je nach Größe und Zimmertemperatur dauert das einige Stunden bis mehrere Tage. Dabei liegt das Objekt auf einer Plastiktüte oder -folie auf glattem Untergrund bei gleich bleibender Wärme.

Grundieren und bemalen

Damit das Zeitungspapier nachher nicht durchscheint, die Objekte vorstreichen. Hierzu eignet sich am besten weiße Dispersionsfarbe (Wandfarbe) oder weiße Acrylfarbe. Nachdem die Grundierung getrocknet ist, können die Objekte bunt angemalt werden. Deckfarben wirken ebenso gut wie Acrylfarben. Objekte, die wetterfest sein müssen, wie zum Beispiel die Gartenkugelkäfer, sollten mit Klarlack überzogen werden.

Pflanzenstecker

Material

- 2 Wattekugeln, 3,5 cm Ø
- 2 Watteeier, 4 x 4,5 cm
- 2 Bambusstäbe, 0,5 cm Ø
- Zeitungspapier
- Tapetenkleister
- Filz in Gelb, Grün, Blau, je 6 x 20 cm
- Wollreste in Gelb, Rot
- Acryl-Mattfarben in Weiß, Lachs, Rot, Maigrün
- Filzstift in Schwarz
- Alleskleber

Vorlagen A1, A2

1 Zeitungspapier zu festen Kugeln rollen oder Wattekugeln nehmen und jeweils auf ein Watteei kleben.

2 Kugeln jeweils auf einen Stab stecken, mit Zeitungspapierschnipseln und Kleister überziehen (Anleitung Seite 4/5). Schnipsel auch 1 bis 2 cm über den Stab kleben.

3 Trocknen lassen, mit Weiß grundieren. Nach dem Trocknen der Grundierung die Figuren bunt anmalen.

4 Wollreste als Haare aufkleben.

5 Für die Mützen aus Filz jeweils einen Halbkreis (Vorlage A1) ausschneiden, zur Tüte rollen und aufkleben.

6 Aus Filz je einen Schal zuschneiden (Vorlage A2) und umbinden.

Tierkegel

Material

- 6 Jogurtflaschen aus Plastik, je 1 Liter
- Pappmachémasse (Anleitung Seite 4)
- Zeitungspapier
- Tapetenkleister
- Dispersionsfarbe in Weiß
- Acryl-Mattfarben in Pastellweiß, Goldgelb, Orange, Rosa, Brillantrot, Maigrün, Ultramarinblau, Grau, Schwarz
- Pluster-Pen in Weiß, Schwarz, Pink
- Sand

Vorlage B

Anleitung Seite 10

Perlenketten

Material

- Pappmachémasse (Anleitung Seite 4)
- Acryl-Mattfarben in Weiß, Orange, Rosé, Pink, Flieder, Rot, Himmelblau, Hellblau, Metallic-Blau, Metallic-Violett
- Pluster-Pen in Orange, Metallic-Pink, Glitter-Fuchsia, Glitter-Rot, Glitter-Laserblau
- Holzperlen in Rot, Blau, Lila, ca. 7 cm Ø
- Gummifaden in Pink, Blau, 1 mm Ø
- Luftballonstäbe aus Plastik oder Trinkhalme

1 Aus Pappmachémasse um einen Luftballonstab oder einen Trinkhalm herum Kugeln formen und trocknen lassen. Nach dem Antrocknen Kugeln drehen, damit sie sich später abziehen lassen.

2 Zum Anmalen der Perlen den Stab über eine Schüssel legen. Zuerst grundieren, dann mit Metallicfarbe und Pinsel oder mit Pluster-Pen Muster aufmalen. Nach dem Trocknen Perlen vom Stab abziehen und immer im Wechsel mit Holzperlen auf den Gummifaden fädeln, Enden verknoten.

Tierkegel

Abbildung & Materialangaben Seite 8/9

1 Flaschen halb mit Sand füllen, zuschrauben und aus Pappmachémasse pro Tier jeweils eine Kugel von etwa 10 cm Durchmesser über dem Flaschenhals formen (siehe Arbeitsfoto Seite 5 und Vorlage B).

2 Aus Pappmachémasse kleine Kegel und Scheiben formen und als Ohren, Schnauzen, Hörner und Schnäbel andrücken. Ansatzstellen glatt streichen. Mindestens zwei Tage trocknen lassen, dann mit Zeitungsschnipseln und Kleister die Köpfe und fortlaufend die Flaschen überziehen.

3 Nach dem Trocknen mit weißer Acrylfarbe grundieren, dann farbig anmalen. Augen, Nasen und Stoppeln mit dem Pluster-Pen aufbringen.

Material

- Topf
- Schale
- Vaseline
- Pappmachémasse (Anleitung Seite 4)
- Zeitungspapier
- Tapetenkleister
- Dispersionsfarbe in Weiß
- Acryl-Mattfarben:
  - Topf: Gelb, Maigrün, Karmin, Ultramarinblau
  - Schale: Orange, Ultramarinblau
- Acryl-Seidenglanzlack
- Alufolie

Topf & Schale

1 Topf und Schale jeweils mit Vaseline einstreichen, Pappmachémasse hineindrücken und glatt streichen (etwa 0,5 bis 1 cm dick), dabei bei der Schale zum oberen Rand hin etwas dünner werden.

2 Mehrere Tage trocknen lassen. Nach dem Durchtrocknen lässt sich die Papierschüssel leicht herauslösen: Einfach mit einem stumpfen Messer unter den Rand fahren.

3 Auf den breiten Rand des Topfes im Abstand von etwa 3 cm Pappmachékugeln drücken und glatt streichen. Aus dem dünnen Rand der Schale mit einer spitzen Schere Dreiecke herausschneiden.

4 Die Behältnisse mit einer Schicht Zeitungspapierschnipseln und Kleister überziehen. Nach dem Trocknen weiß grundieren.

5 Nachdem die Grundierung getrocknet ist, den Topf und die Schale farbig anmalen. Blumen und Punkte mit der Fingerspitze beziehungsweise mit einem Wattestäbchen aufdrücken.

6 Topf und Schale eventuell lackieren. Soll ein Blumentopf in den Übertopf gestellt werden, diesen zuerst mit Alufolie auskleiden.

Öko-Wasserlasur
Name

Luftballonlaterne

Material

- Luftballon in dunkler Farbe, 20 cm Ø
- Transparentpapier:
  - je 50 x 70 cm in Weiß, Hautfarbe
  - je DIN A4 in Gelb, Pink, Rot, Dunkelgrün, Blau
- Tapetenkleister
- Kräuselband in Gelb, Rot, Grün, Blau
- Laternenbügel und Kerzenhalter
- Laternenstab
- Tacker

1 Transparentpapier in Weiß und Hautfarbe in etwa 3 x 3 cm große Stücke reißen, alle anderen Papiere in 1 x 1 cm große Stücke. Luftballon aufpusten und auf eine schwere Schüssel setzen (Knoten oben). Mit Kleister einreiben.

2 Etwas mehr als die Hälfte des Luftballons mit hautfarbenen Schnipseln bekleben, die andere Hälfte mit weißen (etwa drei Lagen). Zum Knoten hin bleibt eine Öffnung von etwa 10 cm.

3 Aus kleinen Schnipseln das Gesicht aufkleben. In Augen und Nase je einen Schnipsel weißes Kopierpapier kleben. Alles immer wieder mit Kleister bestreichen. Den Ballon einen Tag trocknen lassen.

4 Ballon zerstechen und entfernen. Öffnung glatt schneiden, rechts und links Löcher für den Bügel einstanzen, diesen durchstecken und Enden umbiegen. Mit einem scharfen Messer in die untere Mitte zwei Schlitze schneiden und Kerzenhalter befestigen.

5 Für die Haare 20 cm lange Stücke vom Kräuselband abschneiden, jedes in der Mitte knicken und immer zwei dieser Doppelstücke an den oberen Rand tackern.

Gartenkugelkäfer

Material

- Gartenkugeln aus Plastik, ca. 6 und 9 cm Ø
- 2 Rundholzstäbe, 0,8 cm Ø
- Windradfolie, DIN A4
- Wackelaugen, 10 und 14 cm Ø
- Faltpapier in Gelb, Pink, Rot, Flieder, Blau
- Transparentpapier in Gelb, Pink
- Pappmachémasse (Anleitung Seite 4)
- Zeitungspapier
- Tapetenkleister
- Acryl-Mattfarben in Weiß, Orange, Pink
- Acryl-Mattlack, transparent
- Filzstift in Schwarz
- Motivstanzer

Vorlagen C1, C2

1 Aus Pappmachémasse einen Kloß als Kopf auf die Plastikkugel drücken, Ränder verstreichen.

2 Ganze Figur mit Zeitungspapierschnipseln und Kleister überziehen, dabei auch einige Zentimeter über den Rundholzstab.

3 Nach dem Trocknen grundieren. Nachdem die Grundierung getrocknet ist, die Kugelkäfer jeweils mit einer Grundfarbe überziehen. Nochmals trocknen.

4 Aus Faltpapier Motive ausstanzen und mit Kleister auf den Käfer kleben. Ganze Figur mit Mattlack überziehen.

5 Flügel (Vorlagen C1 und C2) aus Windradfolie schneiden und mit Transparentpapier in Gelb (großer Käfer) und Pink (kleiner Käfer) bekleben.

6 Mit Alleskleber die Flügel an den Käfern befestigen, ebenso die Wackelaugen. Mund mit Filzstift aufmalen.

Kleiderbügel

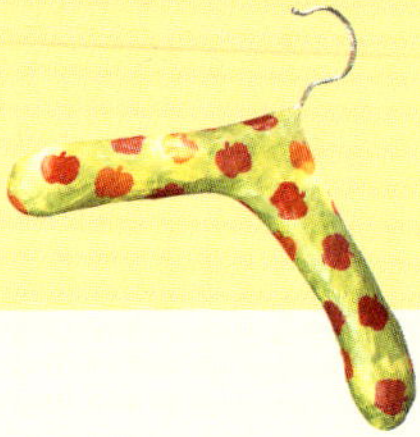

Material

- Plastik-Kleiderbügel
- Pappmachémasse (Anleitung Seite 4)
- Transparentpapier in Gelb, Orange, Rot, Pink, Hellgrün, Blau
- Tapetenkleister
- Acryl-Mattfarbe oder Dispersionsfarbe in Weiß
- Motivstanzer

1 Den Bügel in Pappmachémasse einkleiden, nur der Haken schaut heraus. Zum Trocknen aufhängen und immer wieder glatt drücken.

2 Nach dem Durchtrocknen grundieren, dann mit Transparentpapierschnipseln in hellen Farben und Kleister überziehen.

3 Aus dunklerem Transparentpapier Motive ausstanzen und mit Kleister auf die Bügel kleben.

4 Zum Schluss alles nochmals mit einer Schicht Kleister überziehen.

Windspiel-Gespenster

Material

- Jogurtbecher oder Eisbecher
- Transparentpapier in Weiß, Rot, Hellgrün, je 35 x 50 cm
- Tapetenkleister
- Wackelaugen in verschiedenen Größen
- Markierstift in Schwarz
- Stickfäden in verschiedenen Farben
- Kleine Metalglöckchen
- Alleskleber
- Hammer und Nagel

1 Von jeder Farbe Transparentpapier etwa 15 verschieden lange Streifen reißen, den Rest in etwa 2 x 2 cm große Stücke.

2 Mit Nagel und Hammer in die Mitte des Becherbodens ein Loch klopfen, dabei macht es nichts, wenn ein Riss entsteht.

3 Von innen den Aufhängefaden durchziehen, auf dessen Ende ein Glöckchen knoten.

4 Becher mit Kleister einstreichen, mit Schnipseln bekleben, die wieder mit Kleister bestrichen werden. Zum Schluss rundum die Transparentpapierstreifen ankleistern.

5 Nach dem Trocknen mit Alleskleber Wackelaugen auf zwei Seiten aufkleben und Münder aufmalen.

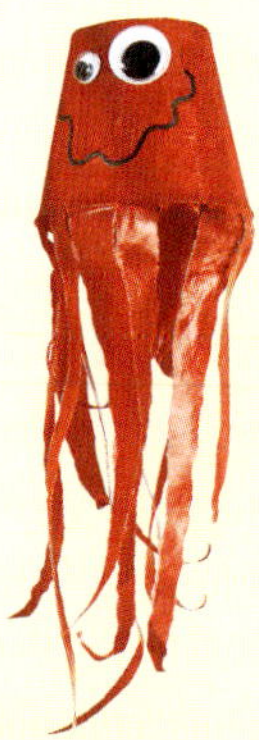

Bilderrahmen

Material

- Pappe
- Zeitungspapier
- Tapetenkleister
- Pappmachémasse (Anleitung Seite 4)
- Acryl-Mattfarben in Weiß, Metallic-Gold, Metallic-Rot, Ultramarinblau
- Pluster-Pen in Gold, Glitter-Rot
- Herz-Pailletten

Vorlagen D1, D2

1 Nach den Vorlagen D1 und D2 aus Pappe Rahmen ausschneiden.

2 Die Papprahmen mit zwei Lagen Zeitungspapierschnipseln und Kleister bekleben.

3 Aus Pappmachémasse Kugeln beziehungsweise ein Herz formen und jeweils auf den Rahmen drücken, Ränder verstreichen.

4 Nach dem Trocknen weiß grundieren.

5 Nachdem die Grundierung getrocknet ist, die Rahmen anmalen.

6 Mit dem Pluster-Pen Muster aufbringen oder Pailletten aufkleben.

Stiftstecker

Material

- Pappmachémasse (Anleitung Seite 4)
- Verschiedene Acryl-Mattfarben
- Acryl-Seidenglanzlack, transparent
- Wollfäden
- Pluster-Pen in Weiß, Schwarz
- Filzstifte in Schwarz
- Alleskleber

1. Je nach Motiv aus Pappmachémasse eine Kugel, ein Ei, eine dicke Scheibe oder ein Herz um ein Stiftende drücken.

2. Kleine Kugeln und Fladen aus Pappmachémasse formen und als Flügel, Nasen und Ohren andrücken. Ansatzränder glatt streichen.

3. Die Pappmachémasse trocknen lassen. Nach dem Trocknen die Formen grundieren, danach anmalen.

4. Feine Muster mit dem Pluster-Pen oder Filzstift aufbringen.

5. Für die Haare zehn 5 cm lange Fäden zusammenbinden und aufkleben.

Mia

Bauernhoftiere

Material

- Pappmachémasse (Anleitung Seite 4)
- Zeitungspapier
- Tapetenkleister
- Flaschen-Drehverschlüsse, 8 Stück pro Tier
- Acryl-Mattfarben in Weiß, Rosa, Rehbraun, Grau, Schwarz

1 Pro Tier für den Körper zwei Zeitungsdoppelseiten, für den Kopf eine Doppelseite zur Eiform zusammenknüllen.

2 Beide Eier mit Zeitungsschnipseln, etwa 4 x 6 cm, und Kleister bekleben, sodass die Eiformen stabil werden.

3 Je zwei Deckel aufeinander setzen und ebenso mit Papierstreifen überziehen.

4 Mit Pappmachémasse sowie Zeitungspapierstreifen und Kleister das kleine Ei als Kopf und die Deckelpaare als Beine an das große Ei kleben.

5 Ebenfalls aus Pappmachémasse Ohren, Hörner und Schwanz modellieren. Nach dem Trocknen die Tiere mit weißer Acrylfarbe grundieren.

6 Nachdem die Grundierung getrocknet ist, die Tiere der Abbildung entsprechend mit Acrylfarben bemalen.

Tischlichter

Material

- Kleine Glasvasen oder Konservengläser
- Transparentpapier in verschiedenen Farben
- Tapetenkleister
- Teelichter

1 Transparentpapier in kleine Schnipsel reißen sowie in einer Kontrastfarbe schmale Streifen. Der Grundfarbton sollte heller sein als das Muster.

2 Glas mit Kleister bestreichen und ohne Lücken mit den kleinen Schnipseln bekleben. Alles mit Kleister überstreichen.

3 Quer und diagonal die Streifen beziehungsweise Flecken aufdrücken und wieder mit Kleister bestreichen.

Schutzengel

Material

- Trinkjogurt-Fläschchen
- Pappmachémasse (Anleitung Seite 4)
- Zeitungspapier
- Dünner Karton in Weiß
- Tapetenkleister
- Acryl-Mattfarben in Weiß, Fleischfarbe, Rosé, Flieder, Himmelblau, Metallic-Silber
- Filzstift in Schwarz
- Pailletten in Rosa, Blau, Silber
- Lametta in Rosa, Blau, Silber
- Kräuselband in Silber
- Stickfaden in Weiß
- Holzspieße
- Holzperlen in Natur, 0,3 cm Ø, 0,6 cm Ø
- Alleskleber

Vorlage E

1 Pro Engel aus Pappmachémasse eine Kugel formen und auf ein Fläschchen setzen.

2 Durch die Mitte des Kopfes bis in die Flasche einen Holzspieß stecken, daran kann die Figur beim Anmalen gut gehalten werden. Trocknen lassen.

3 Mit Zeitungspapierschnipseln und Kleister die ganze Figur überziehen und nach dem Trocknen weiß grundieren.

4 Mit Acrylfarben bemalen und wieder trocknen lassen. Die Pailletten mit Alleskleber aufbringen.

5 Flügel aus Pappe zuschneiden (Vorlage D) und beide Seiten in zwei Schichten mit Metallic-Silber bemalen. Nach dem Trocknen an den Rücken kleben.

6 Faden an eine kleine Holzperle knoten. Holzspieß aus der Figur drehen, in das Loch die Holzperle mit Faden kleben.

7 Größere Holzperle als Nase aufkleben, Lamettastreifen als Haare. Kräuselband um den Hals binden.

Impressum

ISBN 3-419-56638-7

Lektorat:
Gisa Windhüfel, Freiburg

Styling und Fotos:
Christoph Schmotz, Freiburg

Layoutentwurf:
Network!, München

Coverrealisierung:
smp, Freiburg

Produktion:
art und weise, Freiburg

Druck:
Freiburger Graphische Betriebe

Wir sind für Sie da, wenn Sie Fragen haben.
Und wir interessieren uns für Ihre eigenen Ideen und Anregungen.
Schreiben Sie uns, wir hören gern von Ihnen!
Ihr Christophorus-Team

Verlag Herder GmbH
Christophorus-Verlag
Hermann-Herder-Str. 4
79104 Freiburg
Tel.: 0761/2717-0
Fax: 0761/2717-352
e-mail:
info@christophorus-verlag.de
www.christophorus-verlag.de

Weitere Bücher aus dieser Reihe

3-419-56505-4

3-419-56592-5

3-419-56586-0

3-419-56587-9

3-419-56588-7

3-419-56590-9